NOTICE

SUR

MONSIEUR LE CHEVALIER

VARÉLIAUD,

DOCTEUR EN MÉDECINE,

MEMBRE DE LA LÉGION D'HONNEUR, etc.

IMPRIMERIE DE DUFEY, A PONTOISE.

1841.

A LA MÉMOIRE

DE MON PÈRE.

Parler de toi, mon bon père, à ceux qui t'ont connu, à ceux qui ont pu apprécier les qualités les plus aimables, jointes à un noble cœur, à un mérite réel et à un beau caractère, c'est pour moi une douloureuse consolation, c'est encore un bonheur que je te devrai.

Si je n'adresse que ce peu de lignes à ta mémoire, c'est qu'il est des regrets qui perdent à être exprimés, et que l'on doit garder au fond de son cœur.

Ton fils va essayer de raconter quelques traits de ta vie si bien remplie, comme le ferait un étranger impartial.

VARÉLIAUD (Antoine), né à Uzerche, département de la Corrèze, vint à Paris à l'âge de 14 ans, et y termina ses études au collége des Quatre-Nations.

Neveu et élève du célèbre Boyer, qui fut pour lui un protecteur et un ami, il fut reçu Docteur en médecine le 3 pluviôse an XII, après avoir présenté et soutenu une thèse fort remarquable sur l'art d'écrire en médecine, ayant pour titre : *des Monographies médicales*. Il choisit ce sujet tout littéraire, pensant bien que s'il traitait d'une manière supérieure quelque haute question de chirurgie, l'on serait porté à croire que c'était l'œuvre de son oncle et non la sienne.

Ce fut M. Boyer lui-même qui lui donna ce conseil.

A peine reçu, il fut envoyé à Pithiviers pour combattre une épidémie qui y exerçait de grands ravages. Il partit avec plusieurs jeunes médecins distingués, *

---

* Ses jeunes amis, et l'on sait qu'à cet âge les hommes entre eux sont peu flatteurs, lui avaient donné le surnom significatif de *Poli-bon-beau*, et depuis ils se plaisaient à le lui rappeler.

parmi lesquels se trouvait M. Horeau, depuis médecin de l'impératrice Joséphine, l'un de ses meilleurs amis. Leurs soins empressés, les dispositions sanitaires qu'ils ordonnèrent obtinrent un prompt succès ; bientôt le mal disparut entièrement.

Nommé chirurgien par quartier de l'Empereur, le 9 germinal an XIII, il sut, au milieu de tous ces hommes de mérite que Napoléon savait si bien s'attacher, se faire remarquer par ses talents et son zèle.

Il fit à sa suite la brillante campagne d'Autriche ; les généraux Rapp et Mouton, grièvement blessés, lui furent confiés par ses ordres, et durent à des soins éclairés d'être promptement rendus à la glorieuse carrière qu'ils devaient parcourir. Il fut aussi, dans le même moment, mais heureusement pour une légère blessure, appelé auprès de son frère, alors capitaine dans les chasseurs de la Garde, et depuis colonel d'état-major et commandant d'armes de Vincennes, pendant que le brave Daumesnil en était gouverneur. *

---

* Varéliaud (Jean-Baptiste), entré au service comme volontaire, en 1792, au 9e régiment de hussards, pendant les nombreuses campagnes de la République et de l'Empire, au milieu de tant de braves, se fit remarquer par une intrépidité presque incroyable, si les faits suivants n'étaient attestés par ses brillants et authentiques états de service.

A la bataille de Wervick, le 10 nivôse an II, prend deux pièces de canon, fait vingt-cinq prisonniers, et reçoit un coup de feu à la main gauche ; à l'attaque de Courtray, le 7 floréal an II, fait deux prisonniers, et a la première phalange de l'index de la main droite emportée d'un coup de sabre ; au passage du Lech, a le côté gauche meurtri d'un coup de feu ; à l'affaire de Maestricht, reçoit un coup de feu au côté gauche.

Dans son ouvrage sur cette campagne de 1809, monsieur Cadet de Gassicourt parle ainsi de M. Varéliaud :

« .... Le second de mes compagnons de voyage, le Doc-
» teur Varéliaud, chirurgien de l'Empereur, moins ex-
» pansif et plus réfléchi que son confrère, a un esprit
» solide et orné. Bon époux, tendre père, ami sincère,
» patriote éprouvé, ses manières sont douces et affables,
» sa raison droite et son cœur excellent ».

Le mérite et les services rendus étaient promptement et dignement récompensés à cette époque de gloire. M. Varéliaud, à la fin de la campagne, reçut le titre de Chevalier de l'Empire, avec une dotation sur les

---

Le 29 vendémiaire an VIII, à l'affaire de Limuth, à la tête d'un peloton de trente-deux hommes, prend une pièce de canon, et empêche un escadron ennemi, qui se dirigeait sur Zurich avec deux pièces de canon, d'entrer dans cette ville.

A l'affaire d'Ausbourg, prend neuf hussards et le maréchal-des-logis qui les commandait; au passage du Danube, à Dillingen, le 30 prairial an VIII, à la tête de trente hommes, surprend deux compagnies d'infanterie, leur fait mettre bas les armes, traverse ensuite la ville, arrive sur le pont, où s'était retiré un bataillon ennemi, somme le commandant de se rendre, fait mettre bas les armes à la troupe, lui prend deux pièces de canon et quelques cuirassiers qui l'éclairaient. Dans une autre charge faite le même jour, prend quinze cuirassiers et l'officier qui les commande. Au combat de Saltzbourg, le 21 frimaire an IX, à la tête de trente-deux hommes, fait mettre bas les armes à deux compagnies d'infanterie, prend vingt-sept dragons, un lieutenant et un lieutenant-colonel. Le 23 du même mois, force lui seul huit dragons de Valdecq de se rendre prisonniers.

Le 2 mars 1807, aux environs de Liesbath, où se trouvait le quatrième corps de la grande armée, reçoit quinze coups de lance, dont plusieurs pénètrent la poitrine et mettent sa vie en grand danger.

biens réservés à Bayreuth : peu d'années après il fut nommé membre de la Légion d'Honneur.

Désigné par l'Empereur pour aller au-devant de l'Impératrice Marie-Louise, qui l'honora bientôt de toute sa confiance, il la suivit dans ses voyages, et partout il reçut les témoignages d'estime les plus flatteurs.

Mais la fortune, qui avait si longtemps souri à Napoléon, allait l'abandonner : en 1814, lors de cette campagne si funeste et à la fois si glorieuse pour la France, M. Varéliaud fut témoin de cette grande lutte du génie contre l'adversité. Il accompagna l'Empereur, et obligé de le suivre dans ses courses rapides, il fut alors exposé aux plus grands dangers.

Tombé sous la glace avec son cheval, il ne s'en tira que pour se trouver dans l'alternative de périr de froid sur la route ou de traverser les feux croisés des deux armées; il lança son cheval au galop, et arriva au château d'Arcis, où bientôt rejoint par une partie de l'état-major, il apprit que le bruit de sa mort était déjà répandu.

A l'époque des tristes adieux de Fontainebleau, il voulut suivre dans l'exil celui à la fortune duquel il s'était attaché, mais Napoléon ne consentit pas à accepter un si grand sacrifice, lui objectant que, fils, époux et père, il ne devait pas quitter la France : sur sa désignation, ce fut M. Foureau de Beauregard qui partit.

M. Varéliaud reprit son service pendant les cent jours; mais après les désastres de Waterloo, son avenir étant brisé, il sut trouver le bonheur dans une honorable obscurité, au sein d'une famille qu'il chérissait. Plus tard, comme médecin des prisons, il remplit largement ses devoirs envers l'humanité dans ces fonctions pénibles.

Membre du conseil de salubrité en 1832, il prit une part active aux mesures si promptes et si bien dirigées qui émanèrent de la commission de santé, pour combattre le fléau qui décimait Paris à cette époque fatale.

Médecin de tous les malheureux qui s'adressaient à lui, il ne leur refusa jamais ni ses conseils, ni les moyens de les suivre, en les aidant de sa bourse.

Attaché par les liens d'une profonde reconnaissance à celui qui avait été son bienfaiteur, une attaque dirigée contre l'Empereur par M. le docteur Richerand, * lui inspira des pages éloquentes dans une savante critique intitulée : *Septième lettre sur la médecine*, qui parut en 1826.

Sa plume élégante et pure a traité d'autres sujets, M. Varéliaud est auteur de nombreux articles insérés dans les meilleures revues médicales.

Les rapports qu'il a faits comme inspecteur des maisons d'aliénés, sont restés des modèles en ce genre, ainsi que le déclare, dans un de ses écrits, M. le docteur Voisin, juge compétent en pareille matière.

Les fragments d'un ouvrage commencé sur les maladies mentales, font vivement regretter que cet ouvrage soit resté inachevé.

Chérissant son pays natal avec l'enthousiasme d'un cœur généreux, il répondit à une plaisanterie vulgaire

---

* *Histoire des progrès récents de la Chirurgie.* Paris 1825.

d'un feuilletoniste sur les Limousins, par un article plein de verve et d'esprit, que publièrent plusieurs journaux de l'époque, et qui fut suivi d'assez près par la pièce du *nouveau Pourceaugnac*, une des plus jolies comédies de M. Scribe; la pièce acheva ce que l'article avait commencé, une réhabilitation des Limousins. *

Il aimait la poésie et s'en occupait quelquefois comme délassement des études sérieuses qui remplissaient sa vie. Au milieu de plusieurs pièces de vers qu'il a composées, on peut citer les deux lettres suivantes, qu'il adresse à sa petite-fille, non comme les meilleures, mais parce qu'elles montrent mieux la bonté de son cœur et sa tendresse pour ses enfants :

A MA PETITE-FILLE, AGÉE DE DEUX ANS.

Vitray, 30 *juin* 1836.

Je t'écris de ces lieux si pleins de ta présence,
    Où tu formas tes premiers pas,
Où les premiers rayons de ton intelligence
T'apprirent à m'aimer, à me tendre les bras;

Enfant que je chéris de l'amour le plus tendre!
    Tout ici me parle de toi!
Hélas! je le sais bien, tu ne peux me comprendre;
Mais t'aimer, te le dire, est un besoin pour moi.

---

* Beaucoup de personnes ont pensé que la comédie devait avoir été inspirée par l'article.

Voici le banc, l'allée où, tous les jours, ta mère
>Auprès de toi venait s'asseoir ;
Des papillons d'azur la cohorte légère,
Dont le vol cadencé te plaisait tant à voir ;

Et ces feuilles, ces fleurs, que ta main enfantine
>Eparpillait sur le gazon.......
Sur ces fleurs, ce gazon, mon cœur cherche et devine
L'empreinte qu'y laissa ton joli pied mignon.

Quand sous ta main ployaient ces arbrisseaux flexibles,
>Jeunes et faibles comme toi,
Tes petits bras alors te semblaient invincibles ;
Tu te croyais peut-être aussi forte que moi.

Mais quand l'arbre où pendaient tant de prunes vermeilles
>Résistait à tes vains efforts,
Ou que tu convoitais le raisin de nos treilles,
Au secours de ma main tu recourais alors.

Ainsi, lorsqu'un enfant, dans les bras de sa mère,
>De sa taille s'enorgueillit,
Doucement elle doit le déposer par terre,
Pour lui montrer combien il est faible et petit.

J'entends tinter dans l'air la cloche du village,
>Et je vois le *Coq du Curé*......
De ton amour pour moi qu'il ne soit point l'image ;
Car il tourne à tout vent sur son axe sacré !

Mais de tes souvenirs la trace est effacée......
        Si jeune!..... Hélas! moi déjà vieux!....
En vain je veux bannir une triste pensée
Qui m'oppresse le cœur et vient mouiller mes yeux.

Un jour, peut-être, un jour tu diras à ta mère
        (Mais alors je ne serai plus) :
« Je t'en prie, ô maman, parle-moi de ton père;
» J'ai de ses tendres soins un souvenir confus :

» M'aimait-il? Fut-il bon, indulgent et sensible,
        » Aux malheureux compatissant?
» A la haine son âme était-elle accessible?
» A la tendre amitié se montra-t-il constant?

Et ta mère dira......................
        » ....
» ....
» ....

Hélas! pourquoi vouloir, dans ma sombre tristesse,
        De mes destins fixer le cours?
Ma Claire! chère enfant, objet de ma tendresse!
Va, le ciel, pour t'aimer, me garde de longs jours!

A LA MÊME.

Vitray, le 20 juillet 1837.

ESPÉRER. ATTENDRE.

Viens, chère enfant, mon cœur t'appelle;
Viens embellir notre séjour.
L'air est pur, la campagne est belle,
Le calme y règne nuit et jour :
Partout des fleurs, un peu d'ombrage;
L'or des épis dore les champs;
Du rossignol j'entends le doux ramage :
Oh! viens, ma fille, je t'attends!

Hier, dans le parc solitaire,
Ta mère avait porté ses pas;
Ses yeux semblaient chercher sa Claire.....
Sa Claire ne s'y trouvait pas!
Dans une tendre rêverie
Elle a cru, pendant un instant,
Apercevoir ton image chérie!
Viens, ta bonne maman t'attend.

Elle viendra bientôt, j'espère,
Dit chaque habitant du hameau,
Et le vieux pâtre, et la bergère,
Et la pauvresse du château.
— Oui, vous verrez bientôt ma Claire
Combler mes vœux impatients.
On doit aimer les lieux où l'on sut plaire........
Comme vous j'espère, j'attends.

L'espérance est, comme l'attente,
Très-souvent un leurre trompeur;
Mais l'attente est impatiente;
L'espoir est déjà le bonheur.
— J'espérai des jours sans nuage;
Mais bientôt vinrent les autans :
En inclinant mon front sous les orages,
Je me disais : Espère, attends!

Espérer est si doux! Ton âge
Te promet qu'un bel avenir
De tes ans sera le partage;
Que rien ne viendra le ternir.
A son banquet il te convie;
A peine as-tu vu trois printemps.
Soixante hivers ont pesé sur ma vie,
Et je n'espère plus : j'attends.

J'attends les maux que la vieillesse
Incessamment traîne après soi,
Et supporterai sans faiblesse
Tous ceux qui n'atteindront que moi.
Mais si ta tendresse, ô ma fille!
Console mes derniers instants;
Mais si le Ciel protége ma famille,
J'espère encore, et dis : J'attends!

Hélas! l'attente n'a pas été longue! Ses tristes pressentiments ne le trompaient pas, et l'espérance de voir

longtemps encore sa famille chérie ne s'est pas réalisée...
Bien peu d'années après avoir écrit ces vers si touchants,
il n'existait plus...... *

Dans une vie toute de dévouement et de bonté, le
choix d'actions généreuses est difficile à faire. Voici
cependant, au milieu de plusieurs autres semblables,
quelques traits qui méritent d'être cités.

A cette époque où tant de scènes sanglantes affligeaient
l'humanité, qu'il est doux de pouvoir retracer des faits
aussi honorables pour elle! A peine sorti du collége,
il habitait Courbevoie, et se promenait sur les bords
de la Seine au moment où se baignaient trois de ses
amis, parmi lesquels se trouvait le jeune de Harlay,
qu'il voit bientôt disparaître; un de ses compagnons
s'avance pour le secourir et disparaît à son tour, le
troisième éprouve le même sort; le jeune Varéliaud s'est
déjà précipité vers ces infortunés; excellent nageur, il
a bientôt retrouvé de Harlay. Afin d'aller plus vite au

---

* Il a été enlevé à sa famille et à ses amis le 19 août 1840. Cette
perte cruelle a été annoncée dans les termes les plus honorables par
les principaux journaux de Paris, entre autres par *la Presse,* qui
s'exprime ainsi :

« Au moment où les restes de Napoléon vont être rendus à la France,
» chaque jour voit s'éclaircir les rangs de ceux qui ont été attachés à
» sa personne.

» M. le docteur Varéliaud, ex-chirurgien de l'Empereur, nommé
» par lui, pour ses bons et nombreux services, Chevalier de l'Empire,
» et quelques années après Membre de la Légion d'honneur, vient de
» succomber à une douloureuse maladie, à l'âge de 64 ans. »

secours des deux autres, il le dépose sur un banc de sable où il n'a d'eau que jusqu'à la ceinture, lui serre la main, s'élance à de nouvelles recherches, et ramène au bord le second, qui donne encore quelques signes de vie; enfin, après de longs efforts, il saisit le troisième, mais ses forces commencent à trahir son courage, il va périr lui-même, lorsqu'une barque venue tardivement à leur secours, les reçoit tous deux, et ne ramène à terre qu'un cadavre et un homme évanoui.

Qu'on juge de sa douleur, quand, revenu à lui, le jeune Varéliaud apprend que de Harlay, à qui il avait voué une tendre amitié, n'ayant pas eu la force de se soutenir dans le lieu où il croyait l'avoir mis en sûreté, s'est laissé entraîner par le courant, et que de ses trois malheureux amis, un seul est encore vivant. *

Longtemps malade à la suite de cette cruelle scène, il ne put recevoir une députation qui lui fut envoyée par la municipalité de Paris pour le complimenter sur sa belle action.

Le courage et le dévouement qu'il avait montrés dans ce triste événement, avaient inspiré pour lui aux habitans de Courbevoie une confiance presque superstitieuse; à peine sa santé était-elle rétablie, qu'un jour il voit accourir vers lui une foule empressée qui l'appelle à

---

* Le nom illustre de DE HARLAY s'est seul gravé dans ma mémoire d'une manière bien certaine; cependant, je me rappelle avoir vu, dans mon enfance, celui de ses amis que mon père eut le bonheur de sauver : si mes souvenirs ne me trompent pas, il s'appelait VORM, et fut depuis médecin à Dreux.

grands cris, il entend ces mots, prononcés par vingt bouches : *Monsieur Varéliaud ! Monsieur ! Un enfant se noie... Venez !!* Aussitôt, il se précipite vers la rivière, se fait indiquer l'endroit où l'enfant a disparu, plonge, et quelques minutes après il est assez heureux pour rendre un fils à son père : c'est ainsi qu'il débutait dans la vie.

En 1809, traversant seul le village d'Ens, qui venait d'être livré au pillage, il arrache des bras de plusieurs soldats ivres, une jeune femme qui, sans son généreux secours, allait devenir victime de leur brutalité.

Pendant la campagne de France, il voit deux officiers généraux ennemis maltraités par des paysans qui viennent de les faire prisonniers; aussitôt il s'avance, et, moitié par persuasion, moitié par menaces, il parvient à se faire remettre les deux prisonniers déjà grièvement blessés, leur donne les premiers soins, et les amène au quartier-général.

En 1830, après l'attaque de la caserne de Babylone, il donne l'hospitalité à deux Suisses obligés de se cacher.

Non ! On ne meurt pas tout entier lorsqu'on laisse après soi de pareils souvenirs !.

IMPR. DE DUFEY, A PONTOISE.

www.ingramcontent.com/pod-product-compliance
Lightning Source LLC
Chambersburg PA
CBHW061613040426
42450CB00010B/2459